Cristina Fallarás (Zaragoza, 1968), activista, escritora y periodista. En la actualidad ejerce de analista política. Ha publicado, entre otros libros, *No acaba la noche* (2006), *Así murió el poeta Guadalupe* (2009), *Las niñas perdidas* (2011), *Últimos días en el Puesto del Este* (2011), *A la puta calle* (2013) y *Honrarás a tu padre y a tu madre* (Anagrama, 2018).

**Ahora contamos nosotras
#Cuéntalo: una memoria colectiva de la violencia**
Hasta hace nada no existía un relato de la violencia contra las mujeres. No por reticencia de ellas, sino por imposición institucional y de los medios de comunicación. El movimiento #Cuéntalo no solo evidencia dichos silencios, sino que crea una memoria colectiva de las agresiones machistas, narradas en primera persona. ¿Por qué tres millones de mujeres participan en solo dos semanas en el relato de la violencia que sufren y han sufrido? ¿Por qué no hemos conocido esos testimonios antes? ¿Cuáles son los mecanismos que lo han impedido?

Ahora contamos nosotras

Cristina Fallarás
Ahora contamos nosotras

#Cuéntalo: una memoria colectiva de la violencia

editorial anagrama

Primera edición: septiembre 2019

Diseño de la colección: lookatcia.com

© Cristina Fallarás, 2019

© EDITORIAL ANAGRAMA, S. A., 2019
  Pedró de la Creu, 58
  08034 Barcelona

ISBN: 978-84-339-1633-4
Depósito Legal: B. 17957-2019

Printed in Spain

Liberdúplex, S. L. U., ctra. BV 2249, km 7,4 - Polígono Torrentfondo
08791 Sant Llorenç d'Hortons

*A todas las feministas que nos precedieron.
Sin su lucha audaz, generosa e implacable
no estaríamos aquí.*

0. Un pene

La visión de un pene que ni has buscado ni esperas resulta desagradable. Muy desagradable. Quizás los hombres que se sacan la polla delante de ti, una desconocida, son aquellos que fantasean o agradecerían que una mujer les enseñara sus genitales de repente, qué sé yo, en un ascensor, en la oficina, en una callejuela o en el vagón de un tren. Quizás ni siquiera eso.

En esas circunstancias –oficina, ascensor, calle, tren– un pene deja de ser un órgano sexual, desaparece cualquier recuerdo de otro pene y también la posibilidad de que aquello tenga nada que ver con el deseo, con el placer e incluso con lo humano. No es solo ese pene el que despierta esas sensaciones, sino, con él, todos los penes vistos o imaginados. Es un trozo de carne tumefacta que te echa a latir el corazón, que te lo sube a los oídos y te deja sorda, que te pone a palpitar de rabia y miedo. Más miedo cuanto menor eres. No es que esperes que el ser humano pegado a ese tentáculo vaya a ir a más. Algo te indica –y la primera vez que me pasó era yo muy niña– que lo máximo que hará a partir de ese momento será meneárselo.

Si tal cosa te sucede, por ejemplo, a los dieciocho años y en un tren de cercanías, el miedo se enreda con una lejana sensación de culpa. Lejana no por su intensidad, sino por su anclaje en el tiempo. La culpa y la agresión, esa herencia de herencia de herencia. Eres tú la que tiene miedo, tú y no el agresor, tú y no aquel que se saca el pene en un lugar público y se masturba y se expone. Tienes miedo a que lo vean, pero no puedes moverte. Como si estuvieras frente a un tigre. De eso se trata, es un tigre. Sucede así siempre que te convierten en una víctima, siempre que comienza el merodeo que acabará en agresión. En el vagón, ahí, a cuatro metros cortos de ti, un tigre te observa tranquilamente, lamiéndose los bigotes, un tigre pongamos que satisfecho, un tigre que en ese momento está haciendo exactamente lo que le da la gana, o sea relamerse. Pero tú sabes que es un tigre. Por eso tienes claro que cualquier movimiento tuyo, cualquier mínimo cambio en el entorno, podría lanzarlo a morder, a despedazarte. Así que permaneces inmóvil, fingiendo que no ves cómo el tipo del vagón, el tigre, menea con fruición su trozo de carne ya violáceo, ni cómo se le va abriendo la boca en un gesto lascivo de idiotez, cada labio como la parte del caracol que moquea la tierra. Sí, *ese* gesto.

Claro que también puede no tratarse de ti. Puede ser otra persona la que irrumpa en medio de esa escena brutal, escena con voracidad de colmillo, y rompa la aparente normalidad de un macho con la polla fuera del pantalón meneándosela con cara de tarado cerca de una joven que finge mirar por la ventanilla. Incluso puede irrumpir un grupo, lo que sería inmensamente peor. Qué cosas, es eso lo que se te pasa por la cabeza en un instante tan violento, ese es tu miedo, qué pensará esa gente de ti, ahí sentada; de ti, que no has salido corriendo; de ti, que no has gritado –¿a quién?– ni pedido socorro; de ti, que permaneces ahí pasmada en lugar de ponerte a correr, de saltar con el tren en marcha a poner una denuncia. De ti, que quizás no te mueves, guarra, porque lo estás disfrutando, mientras ellas, muchachas sanas a las que nadie impone la visión de su tentáculo goteando, marchan de excursión a la playa, tralará.

Me llamo Cristina Fallarás y tenía dieciocho años el día que un hombre se masturbó frente a mí en un vagón de cercanías que recorría la costa del Maresme barcelonés. Empezó a la salida de la ciudad, y cuando me bajé, en El Masnou, el tipo ya había eyaculado y desaparecido. Durante el tiempo que pasó meneándosela con cara de lerdo no me atreví a mover un músculo. Mi temblor resultaba incontrolable pero no escandaloso. Pienso que si al llegar a mi destino aquel hombre no hubiera desaparecido ya, probablemente habría visto pasar el apeadero sin moverme, no me habría atrevido a bajar.

No era la primera vez. Tendría yo más o menos ocho años, o puede que diez, uno de los tantos viernes que mis padres nos llevaban a pasar el fin de semana a la costa. Mi hermana pequeña dormía a mi lado y ellos salieron del coche, no recuerdo por qué razón. El gasolinero se sacó la polla y la pegó al cristal de mi ventanilla, la trasera situada sobre la boca del depósito. En aquel momento no entendí qué estaba pasando, pero empecé a encontrarme mal y antes de llegar a casa vomité. Tengo cincuenta y un años y aún no he perdido el terror a las gasolineras.

No, la escena del tren no fue la primera, ni mucho menos la última.

1. La foto

El martes 5 de mayo de 2015, el periódico francés *Libération* abría su edición a toda página con el titular «BAS LES PATTES!», lo que vendría a significar «¡Quítame las manos de encima!». Cuarenta periodistas de los principales medios de comunicación del país habían decidido publicar un manifiesto titulado *Nosotras, periodistas políticas y víctimas del sexismo*. Denunciaban que bajo los gobiernos de Sarkozy y Hollande no habían cambiado las prácticas de la «Generación Giroud», en referencia a Françoise Giroud, fundadora en los años cincuenta del semanario *L'Express,* quien consideraba que una mujer tenía más «armas» para conseguir sacarle información a un político. Las escenas descritas en el manifiesto, sesenta años después de aquella época, no sorprendieron en el entorno periodístico, pero tampoco en el político. Entre otras basuras, denunciaban el caso de un diputado que les pasaba la mano por el pelo para darles la bienvenida, y el de otro que espetó a unas periodistas que aguardaban su llegada: «Parecéis prostitutas a la espera de un cliente», o el de un político que dio la palabra a una periodista y no a otra porque consideraba, y así lo dijo, que «llevaba un vestido muy bonito». Además, todas las propuestas de citas, copas, cenas a cambio de información. No era nada nuevo, ni en el periodismo, ni en la sanidad, ni en las finanzas, ni... La novedad residía en que las cuarenta periodistas se lo habían dicho primero a sí mismas, luego se lo habían comentado a otra y a otra y a otra, y así hasta al menos cuarenta colegas de profesión, que se habían planteado tomar medidas. Las medidas fueron redactar un manifiesto conjunto y publicarlo en la primera página de un periódico. Algunas no se sumaron, y un puñado de las que sí lo hicieron renunciaron a dar su nombre, conscientes de las represalias que vendrían después.

Pero el día en que llegó la foto a mi teléfono faltaban aún muchos años para que sucediera todo aquello.

Eran las dos de la madrugada y trabajaba en la sección de política del diario *El Mundo*. Corría 2002 o 2003, yo estaba en la treintena, aún no tenía lo que se llama en la profesión «agenda» y mi madre se sentía ya por fin orgullosa de su hija.

No tener agenda significa que no tienes contacto directo –teléfono, confianza, etcétera– con políticos, jueces, empresarios ni bocachanclas en general. Y eso es un problema. No tener agenda cuando trabajas en política viene a ser lo mismo que presentarte a una boda en pelotas. Aunque te escondas detrás de un árbol, vas a tener que acabar asomando la cabeza. En las redacciones manda la promiscuidad entre los redactores y redactoras y los llamados «poderes del Estado», algo que yo no había practicado en mis quince años de vida periodística. No por un delicado prurito profesional, sino porque hasta ese momento me había dedicado a temas relacionados con la delincuencia, la pobreza, los movimientos vecinales, la prostitución... O sea, a la calle. Por eso una de mis primeras tareas, desde un mes antes de aquellas dos de la madrugada, había sido reunirme con líderes políticos y demás pomadilla fatua para presentarme y pedir teléfonos de contacto.

Aquella noche ya contaba con una «agenda» si no exhaustiva sí selecta, para lo que había tenido que soportar un paquetón de comidas tediosas con hombres convencidos de las virtudes de su conversación y sus relamidas frivolidades, además de flirteos, invitaciones alcohólicas, miradas abiertamente libidinosas, manos distraídamente apoyadas en mi brazo y gestos de ir a retirarme ese mechón de la frente.

Total, que eran las dos de la madrugada en mi «agenda» cuando sonó el aviso de un mensaje en el móvil. Tenía treinta y cinco años, un buen cargo en el segundo diario del país y el convencimiento de haber obtenido finalmente la confianza de mis progenitores, a quienes había dejado en Zaragoza dos décadas atrás. Lo único que no tenía era experiencia en esas lides y los mensajes que había recibido hasta entonces a esas horas procedían de alguna amiga suplicando un refugio para llorarnos una mala noche. Sin embargo, yo ya no era una amiga de juergas y el mensaje procedía de uno de los altos cargos de un partido, destacadísimo diputado y veterano político catalán. Por eso no corrí a leerlo.

Me senté en la cama y permanecí unos minutos mirando el aparato mientras sopesaba todas las posibilidades: un atentado terrorista, una catástrofe natural, un incendio devastador, un asesinato, el derrumbe de un edificio o una declaración de guerra. Cuando un alto cargo le manda un mensaje a una periodista de un diario de tirada nacional a las dos de la mañana, recuerdo que pensé, más vale temple y tener a mano las botas de echar a correr. Y también: ¿por qué me tiene que pasar esto a mí ahora? Y también: si se trata de una hecatombe, ¿debería llamar al director pese a la hora o tratar de solucionarlo yo sola?

No hay respuestas para ese tipo de preguntas, así que cogí el móvil como si fuera un animal peligroso, comprobé que el remitente era quien era y abrí el mensaje.

Abrí el mensaje, pegué un grito, noté cómo la mitad de la sangre de mi cuerpo me subía a la cabeza y dejé caer el aparato al suelo.

En la pantalla, la fotografía de una polla.

La fotografía de la polla de un hombre sostenida con su mano izquierda mientras con la derecha tomaba la foto, desde arriba, a una altura suficiente para que se viera el pene entero, la mano que lo sostenía y de fondo la taza de un retrete.

La polla entera.

De un diputado y alto cargo del partido. En mi móvil.

Oh, mi agenda.

Si tienes agenda y la agenda es lo más grande que puedes tener en tu profesión y acabas de empezar y el diputado de tu agenda la aprovecha para mandarte la foto de su polla pasa lo siguiente:

1. Que ya no vuelves a llamarle nunca más, aunque lo necesites perentoriamente.

2. Que no contestas a sus llamadas ni aunque vaya en ellas la más suculenta exclusiva de la década.

3. Que evitas acudir a las ruedas de prensa de su partido y de su grupo parlamentario para no encontrártelo.

4. Que cuando tu jefe te manda hacerle una entrevista le dices que mejor promocionar a una de las jóvenes promesas de la redacción.

5. Que tu jefe llega a la conclusión de que o bien eres inútil o bien eres idiota.

Corría 2002 o 2003 y yo tenía una agenda con una polla dentro y cuarenta estrategias de huida minuciosamente planeadas. El año 2003 no consta como una fecha para el recuerdo del avance feminista en España, ni de eso que ha dado en llamarse «sororidad».

Más bien era el tipo de fecha en la que tú le comentabas a tu compañera en la redacción «El diputado Tal me ha mandado una foto de su polla» y la tipa respondía «No me jodas que te estás tirando al diputado Tal» o «Joder, tía, no mezcles el sexo con el curro» o «Eres más puta que las gallinas».

Y punto.

La clave está en las cuarenta periodistas francesas y su forma de narrarse en público. Si su manifiesto se hubiera publicado antes del día en el que recibí la polla del diputado, yo habría tenido armas para responder al «más puta que las gallinas». Y, lo que es muchísimo más importante, habría entendido lo que me acababa de suceder. O sea, que no era la única periodista en el mundo a la que le mandaban una polla o le tocaban la pierna, que no era imprescindible aceptar varias copas para conseguir un contacto, que se puede plantar cara a un jefe si considera que todo lo ocurrido es culpa tuya.

Se llama «mecanismos de identificación».

2. Mecanismos de identificación

No es lo mismo decir «Hola, me llamo Cristina Fallarás y estoy en contra de la violencia machista» que decir «Hola, me llamo Cristina Fallarás, soy periodista y un político me mandó la foto de su polla» u «Hola, me llamo Cristina Fallarás y siendo subdirectora de redacción me despidieron en mi octavo mes de embarazo y uno de los argumentos fue que luego querría tomarme "esas vacaciones que os cogéis las embarazadas"».

Pongamos que una ministra o una presidenta del Gobierno o incluso la reina de Inglaterra se planta ante la cámara y mirando fijamente a la lente suelta un solemne, intenso, estremecido «Yo estoy en contra de la violencia de género». Alguien podría defender que tal declaración es un apoyo a la causa, «porque qué necesidad tiene la reina de meterse en ese berenjenal», y también sería cierto. Sin embargo, lo verdaderamente extraordinario sería que una mujer se pusiera ante la cámara para expresar lo contrario. En el fondo, esa declaración de la reina de Inglaterra no significa nada. No modifica, por mucho que una defienda la necesidad de que personajes de ese tipo se unan a «la causa». Esa declaración, incluso estremecida, no solo no aporta nada a la mujer que la ha sufrido, que somos todas, sino que ni siquiera le da armas.

El 1 de mayo de 2018, dentro de la campaña #Cuéntalo, que animaba a las mujeres a narrar las violencias que habían sufrido y sufren, la escritora Bel Olid hizo públicos los siguientes párrafos en su cuenta de Twitter:

Jo tenia sis anys i ell era el «tito Emilio» (Gutiérrez Sánchez, per més senyes). La seva mare observava des de la cuina com em treia la roba, com em violava. Ningú va fer res per evitar-ho #cuéntalo[1]

1. Yo tenía seis años y él era el «tito Emilio» (Gutiérrez Sánchez, para más señas). Su madre observaba desde la cocina cómo me quitaba la ropa, cómo me violaba. Nadie hizo nada por evitarlo #cuéntalo

Anys més tard, als 14, el seu germà Agustín (Gutiérrez Sánchez, per més senyes), marit de la meva mare, em va tocar els pits i em va acorralar a la cuina. Me'n vaig escapar, però em va fotre l'adolescència enlaire viure amb aquella por. La meva mare encara viu amb ell #cuéntalo[1]

Esto modifica. Esto sí modifica.

Lo he leído cuarenta veces y ahora, transcribiéndolo, lloro. Y me revuelvo de rabia y su dolor es el mío. Sé quién es esa niña, siento lo que siente esa niña, tiemblo las noches de esa adolescente y se me atora la garganta.

Cuando Bel Olid escribe esos espantos, presta armas a aquellas mujeres a las que violaba su tío, y a aquellas a las que una persona miraba mientras sufrían agresiones, y a aquellas a las que observaba una abuela o una tía mientras eran agredidas sexualmente, y a aquellas a las que agredió su padrastro, y a aquellas cuyas madres no actuaron ante las agresiones de un

---

1. Años más tarde, a los 14, su hermano Agustín (Gutiérrez Sánchez, para más señas), marido de mi madre, me tocó los pechos y me acorraló en la cocina. Me escapé, pero me jodió la adolescencia vivir con aquel miedo. Mi madre todavía vive con él #cuéntalo

familiar, y a aquellas a las que desnudaban con seis años, y a aquellas a las que tocaron durante la adolescencia... Todas ellas, y son millones, están en ese mensaje, todas ellas se reconocen ahí. Ese tuit habla de ellas, de su dolor. No solo se identifican con Olid. Es que con esa identificación comprenden que no son las únicas que han sufrido algo tan atroz. También comprenden que se puede contar públicamente y en voz alta, y por lo tanto no es algo por lo que deban sentir vergüenza. Comprenden que no es culpa suya y que existen vías de escape para su herida. Comprenden, en fin, que si una escritora feminista y de éxito lo dice en voz alta, limpia algo que estaba emponzoñado, infectado, agusanado en su interior desde la infancia o la adolescencia. Y que no se debe pedir perdón, sino justicia.

Todo eso encierra el testimonio público de las mujeres. Agua fresca sobre la ponzoña del pavor.

Los mecanismos de identificación que desencadena el testimonio de una mujer, la primera persona, están en las antípodas del momento en el que la reina de Inglaterra se coloca ante la cámara para soltar su «Yo estoy en contra de la violencia de género» que luego reproducirán todos los medios de comunicación del planeta Tierra y será convertido en algo necesario para la integridad física y mental de las mujeres y aplaudido por los siglos de los siglos.

Sin embargo, el impacto del testimonio, del #Cuéntalo de la escritora Bel Olid, o de la narración pública en primera persona de cualquier mujer a cualquier edad en cualquier punto del globo, resulta inconmensurablemente mayor que el de la declaración de la reina de Inglaterra o de la sota de bastos.

Cuando las que participan en ese narrar son tres millones de mujeres en solo dos semanas, lo inconmensurablemente mayor es nuestro problema.

3. Deciden negarlo

El jueves 26 de abril de 2018, a última hora de la mañana, se hizo pública la sentencia del juicio al grupo conocido como La Manada. Se trataba de juzgar la violación de una joven por parte de cinco hombres durante los sanfermines de 2016 en un portal. Los agresores habían grabado con el teléfono móvil sus agresiones, por lo que no cabía duda de lo sucedido. Así que lo que quedaba por ver era la interpretación que la Justicia hacía de los hechos. Y la Justicia admitía probados los hechos de que habían «tirado de ella» para meterla en un portal, y también que la habían penetrado repetidamente anal, oral y vaginalmente «sin su aquiescencia».

Cuando se consideraron satisfechos, le robaron el móvil y salieron a continuar su fiesta. A la chica la encontró poco después una pareja en la calle en estado de shock.

En el momento de hacerse público el fallo, yo participaba en directo en un programa de actualidad política, *Las mañanas de Cuatro*. En la pantalla, la imagen de centenares de mujeres ante la puerta de la Audiencia Provincial de Navarra, que se repetía en la mayoría de las cadenas de España. El país entero y muy en particular los movimientos feministas y contra la violencia machista estaban pendientes de aquel momento. Habían pasado cinco meses desde el final del juicio y el hecho de que el fallo tardara tanto tiempo despertaba las peores sospechas. Sin embargo, la realidad demostró que podía ser más siniestra.

El militar Alfonso Cabezuelo, el guardia civil Antonio Manuel Guerrero y sus secuaces José Ángel Prenda, Jesús Escudero y Ángel Boza, con edades entre los veinticuatro y los veintisiete años en 2016, tres de ellos ya con antecedentes penales, no fueron acusados de violación. La Sección Segunda de la Audiencia Provincial de Navarra consideró que solo habían cometido un delito de «abuso sexual continuado». Tres eran los magistrados responsables del fallo: Francisco Cobo (presidente), Raquel Fernandino y Ricardo González.

La diferencia entre la violación o agresión sexual y el abuso, además de las penas, inferiores en el segundo caso, radica en que se considera que en el abuso no media violencia ni intimidación. O sea que los tres magistrados manifestaban con su sentencia que la penetración sexual repetida y múltiple de una joven a manos de cinco hombres jóvenes de complexión fuerte, uno de ellos miembro de los cuerpos y fuerzas de seguridad del Estado y otro del ejército, había sucedido sin mediar violencia ni intimidación.

La rabia se multiplicó cuando tuvimos acceso al documento de la sentencia. En ella se podían leer, entre otras evidencias, las siguientes afirmaciones:

> Las relaciones de contenido sexual se mantuvieron en un contexto subjetivo y objetivo de superioridad, configurado voluntariamente por los procesados, del que se prevalieron, de modo que las prácticas sexuales se realizaron sin la aquiescencia de la denunciante en el ejercicio de su libre voluntad autodeterminada, quien se vio así sometida (...). Es inocul-

table que la denunciante se encontró repentinamente en un lugar angosto y recóndito (...) rodeada por cinco varones, de edades muy superiores y fuerte complexión; al percibir esta atmósfera se sintió impresionada y sin capacidad de reacción (...). Alguno de los procesados muestra bien a las claras actitudes de ostentación y alarde con relación a la situación (...), que subrayan mediante sonrisas (...). Este vídeo (...) muestra de modo palmario que la denunciante está sometida a la voluntad de los procesados, quienes la utilizan como un mero objeto, para satisfacer sobre ella sus instintos sexuales (...). Dirigiéndose en algunas ocasiones a la cámara de grabación (...), jactándose de sus acciones sobre la denunciante, a quien (...) en ningún momento se le aprecia expresión de disfrute alguno, sino de hastío e incluso de dolor (...). La denunciante (...) muestra un rictus ausente, mantiene durante todo el tiempo los ojos cerrados, no realiza ningún gesto ni muestra ninguna actitud que impresione de toma de iniciativa respecto de actos de índole sexual ni de interacción con los realizados por los procesados; apreciamos que los soporta en un estado que nos sugiere ausencia y embotamiento de sus facultades superiores

(...). Alfonso Jesús Cabezuelo, después de haberle atraído agarrándole del pelo, introduce su pene en la boca de aquella, sin exteriorizar ningún signo que nos permita apreciar bienestar, sosiego, comodidad, goce o disfrute en la situación (...). La denunciante en estos dos últimos vídeos está agazapada, acorralada contra la pared por dos de los procesados, expresó gritos que reflejan dolor...

Frente a lo anterior, la declaración de la víctima: «Lo único que quería era que pasara; cerré los ojos y, si en algún momento los abrí, lo único que veía eran tatuajes.»

Y también la brutalidad del voto discrepante de uno de los tres jueces. El magistrado Ricardo González pidió la absolución de los cinco agresores al considerar que lo que él observaba en las grabaciones era una mujer practicando «actos sexuales en un ambiente de jolgorio y regocijo».

Jolgorio.

Regocijo.

El otro juez y la jueza consideraban, pese a haber escrito lo anteriormente enumerado, que la mujer no había sufrido violencia ni intimidación.

Una no debe temblar en directo. Una no debe llorar en directo en un programa de actualidad política. El truco para evitarlo consiste en abrir mucho los ojos, apretar los puños hasta hacerte daño y tratar de poner la mente en blanco. Poner la mente en blanco en semejantes circunstancias resulta absolutamente imposible. Sin embargo, el esfuerzo por hacerlo sirve lo suficiente. Cuando oí el fallo de la Audiencia Provincial, allí, en directo, no lloré, pero el esfuerzo por no hacerlo me puso a temblar. En blanco.

No pude alejarme. Se dice que la periodista debe alejarse del sujeto sobre el que informa. Pero yo pensaba: No estoy informando. No soy periodista. No quiero alejarme. Soy ella. Soy esa mujer. La cámara me mira, se suceden las preguntas, pero yo ya he empezado a ser ella y no pienso dejarlo. No aquella a la que cinco energúmenos sometieron a dolor, espanto y humillación, sino esa que, varios años después, ya es otra, esa de la que no conocemos la identidad y que está oyendo el resultado del juicio, de un juicio en el que ha participado y para el que se ha visto obligada a rememorar detalle por detalle aquel suplicio. Igual que antes frente al equipo de peritos psicólogos, y antes frente al equipo médico, y antes frente a la policía. Y así quién sabe cuántas veces.

En ella estoy y en ese estar decido permanecer.

Unas horas después, aquel mismo jueves pasadas las seis de la tarde, escribí lo siguiente en mi cuenta de Twitter:

> Lean a @Virginiapalonso. Tenemos que contar las agresiones, violaciones, compañeras. Este relato nos lo han hurtado. Debemos construirlo para que otras reconozcan...
> Gracias, jefa @publico_es #Cuéntalo

En la nota agregaba un artículo de Virginia P. Alonso, directora adjunta de *Público*. Es este:

La «no violación»

Eran ocho o diez tipos, aunque a mí me parecieron cincuenta en el momento en el que tomé la decisión de levantarme y salir corriendo, y cincuenta mil a medida que me agarraban, levantaban la falda, sujetaban y manoseaban, mientras se reían y balbuceaban cosas que no entendía.

Salí de allí como pude. Me zafé de sus manos a codazos, a patadas, a pisotones, a golpes. Corrí despavorida sin mirar atrás, convencida de que ellos venían detrás de mí. Solo quería llegar lo más lejos posible, donde fuera, porque ni siquiera sabía bien hacia dónde corría.

Ocurrió un verano de hace más de 30 años. Yo tenía 13 y estudiaba inglés en un pueblo de Inglaterra. Ese día regresaba después de las clases y de tomar unas hamburguesas con mis compañeros. Tomé el bus que me dejaría a un centenar de metros de la casa en la que vivía con una familia inglesa y con varios estudiantes extranjeros. El bus era de dos pisos. Y me hizo ilusión subir al de arriba, que iba vacío. Así se lo dije a mi amigo italiano de 14 años y juntos nos sentamos en los asientos del fondo. Hasta que llegó esa especie de Manada nauseabunda.

Ni entonces ni ahora sería capaz de concretar las partes de mi cuerpo que asquerosamente sobaron. Tampoco sería capaz de reconocer ni a uno solo de aquellos cincuenta mil sujetos, ni un minuto después de que ocurrieran «los acontecimientos» ni en ningún otro momento de mi vida.

Lo que sí recuerdo con claridad meridiana es aquella sensación de suciedad, de suciedad íntima, por dentro, como si me la hubieran adherido al cuerpo y al cerebro con un potente pegamento. Intuía que no desaparecería ni con una ducha de cal viva, pero aun así rompí la norma de la casa (no se podía utilizar la ducha por la tarde) y me metí en la bañera. Si hubiera tenido una lija, me habría frotado con ella. Salí de aquel cuarto de baño oliendo a jabón, pero con la misma suciedad con la que había entrado. Lo que no sabía entonces era que esos dedos y esas manos ya no me los quitaría nunca de encima.

Acababa de aprender de golpe tres conceptos: dignidad, integridad física y violación. Habían violado mi dignidad y mi integridad.

He convivido tres decenios con el recuerdo de «los acontecimientos». Pasaron muchos años hasta que empecé a contarlo a personas adultas; tantos, que yo misma ya era adulta cuando empecé a hacerlo. La razón de no hablar antes sobre ello no tuvo que ver con el miedo, la vergüenza o el sentimiento de culpa, que nunca los tuve, sino con la necesidad rabiosa de que esto no se interpusiese en mi libertad, que era mínima por aquel entonces, pero suficiente como para entender lo que podía significar acabar con ella.

Sabía que si lo contaba en Inglaterra no volverían a dejarme salir sola durante las semanas que me quedaban allí. Y si lo contaba aquí, probablemente no regresaría a Inglaterra ni a ningún país extranjero yo sola. Sabía que si volvía a ponerme una minifalda ante quienes estuvieran al tanto, me mirarían cuando menos con una cierta condescendencia, y que si me pintaba los labios o las uñas, más de uno/a pensaría que en el fondo me lo estaba buscando. No sabía de feminismos ni de luchas, pero ya percibía que contarlo no me traería nada bueno.

Así que no dije nada y mi amigo Carlo, el italiano de 14 añitos, no volvió a despegarse de mí hasta que regresamos a nuestros respectivos países. Yo le sacaba una cabeza al pobre, y el día de «los acontecimientos» ni siquiera reaccionó y bajó del bus dos paradas después de que lo hiciera yo. Pero él se creyó que me ayudaba. Y yo le dejé creerlo.

Esos días crecí. Mucho. Muchísimo. Creo que fue la primera vez que tomé conciencia de mí misma como mujer y de que mi soledad era la soledad de tantas otras y de que probablemente era para siempre. Así que, ante eso y después de «los acontecimientos», decidí vivir, asumir los riesgos y no contarlo mucho, porque al fin y al cabo ¿a quién le interesa una «no violación»?

Pero al conocer hoy la sentencia contra la Manada no he podido evitar que se me revuelva el autobús entero por dentro, con sus dos pisos y sus cincuenta mil babosos hijos de puta.

Yo me sentí violada y resulta que solo me tocaron. No puedo ni imaginar cómo debe de sentirse la víctima de esta Manada (que, por cierto, no es un ente abstracto, sino cinco hombres con sus nombres y apellidos). Por si ella no tuviera poco con sobreponerse a una primera violación colectiva, la perpetrada en Pamplona en verano de 2016, ahora tiene que enfrentarse a una especie de segunda violación, en este caso judicial.

No sé tu nombre; y espero no llegar a conocerlo nunca porque esa será posiblemente la mejor manera de garantizar que pases página y consigas ver esa luz que existe, no lo dudes nunca, al menos en ti misma y en cada una de las mujeres y los hombres a los que esta sentencia nos parece algo casi medieval. Pero sí quiero decirte una cosa: en Pamplona estabas tú sola frente a cinco; ahora son ellos los que están solos frente a NOSOTRAS. Y con NOSOTRAS no podrán. Ya no. Nos cueste lo que nos cueste.

Virginia P. Alonso,
Público, *26 de abril de 2018*

No nos creen, pensé. Lo que pasa es que no nos creen. Nos callamos porque, en caso de contarlo, no nos creerían, o sea, decidirían no creernos, o nos castigarían, o se reirían de nosotras.

Lo hemos callado siempre porque siempre ha sido así. No creer es una decisión. Sabemos que es *su* decisión. DECIDEN no creernos. Todos, todos ellos.

Por eso callamos. Y en tanto que callamos, ellos niegan la existencia de nuestro dolor, de la violencia que se nos inflige, de las humillaciones. Saben que existe, pero la niegan porque pueden negarla. El que la comete, la niega. El que la ve, la niega. El que la conoce, la niega. Y pueden negarla porque nosotras callamos. Y nosotras callamos porque, como se niega, si la contáramos se nos castigaría por mentirosas o por putas o se nos condenaría a creer que somos las únicas o se nos recluiría a nosotras para evitar que vuelva a suceder. Es una pesadilla que se muerde la cola, pensé. Lo hacen, callamos, lo niegan, lo hacen, callamos, lo niegan, lo hacen, callamos, lo niegan, lo hacen, callamos, lo niegan, lo hacen, callamos, lo niegan.

Contémoslo, pensé. Contémoslo todas.

En mí, la certeza de que todas, absolutamente todas sin excepción, tenemos algo que contar. Alguna habrá de responder, pensé.

4. Tres millones de mujeres

Cuando la noche de aquel 26 de abril volví a mirar en Twitter para comprobar si alguien había respondido al #Cuéntalo estaba en un hotel de Almería. Había acudido a presentar mi última novela y, después de cenar con las autoridades pertinentes, me encontraba agotada. No era la primera vez que había intentado algo semejante. En 2008, cuando me despidieron en mi octavo mes de embarazo, denuncié el despido en las redes sociales, publiqué el nombre de los responsables e insté a aquellas mujeres que hubieran sufrido lo mismo a que se animaran a contarlo. Pensé: Si publicamos sus nombres, aquellos que hayan sido nombrados no volverán a hacerlo. Ni una sola mujer secundó mi iniciativa. Cierto es que yo no tenía la presencia pública que ya había logrado diez años después, pero creí que alguien respondería. Ni una. Por eso, cuando, ya en la habitación, me senté en la cama y me conecté, no daba crédito. Había varias decenas de mujeres narrando las agresiones que habían sufrido a manos de sus padres, jefes o familiares, de maridos o desconocidos, en la infancia o ese mismo año, en fiestas, callejones, dormitorios, discotecas, portales, playas, trenes.

Cada una de ellas había añadido a su narración la etiqueta #Cuéntalo. Cuando pinché sobre esos nueve caracteres se abrió una habitación del dolor. De repente entendí, nunca me había parado a pensarlo, que un *hashtag* es un lugar de encuentro. Que allí estaba el sitio donde podíamos narrar aquello que no nos habían permitido contar en ningún otro. Porque ellos habían decidido negar.

Negarse. Negarnos.

Así que decidí cursar y lanzar miles de invitaciones. Quién sabía. En las horas siguientes, cada vez que alguna mujer, y cada vez eran más, colgaba su horror, yo lo relanzaba y escribía un escueto #Cuéntalo cabalgado sobre su relato. En ese momento, unas 60.000 personas seguían mi cuenta de Twitter. Las que estaban conectadas iban recibiendo mis escuetos #Cuéntalo, bajo los que, en cada ocasión, una mujer distinta contaba su horror singular, íntimo, terrible y único. Pronto me di cuenta de que no daba abasto. Ya eran miles las mujeres que participaban, decenas de miles las que retuiteaban y volvían a lanzar cada uno de los mensajes a aquellas personas que podían recibirlos.

Tras un primer día frenético, y cuando el dolor en aquel espacio virtual obligaba a ir saliendo, todo cambió de golpe. El lugar que ya era #Cuéntalo se llenó de relatos durísimos, la violencia narrada se hizo más y más insoportable. No por la acumulación. El *hashtag* había saltado el Atlántico y desde Argentina, Chile, México, Perú, Colombia comenzaron a llegar aquellas que a su terror añadían: «Lo cuento yo porque mi hermana ya no puede contarlo», «Lo cuento yo porque mi madre ya no puede contarlo», «Lo cuento yo porque mi hija ya no puede contarlo»... Inmediatamente #Cuéntalo ocupó el número uno de las listas de difusión mundial, lo que se llama un *trending topic* global, y a la vez se colocó en el número uno de lo más difundido en España, sí, pero también en Argentina, Chile, Perú, México... La red y el idioma prestaron el lugar y las armas que aquellos miles y miles de mujeres nunca habíamos tenido: el sitio donde saber que no eras la única a la que un jefe le había enseñado el pene, obligado a hacerle una felación, a la que un padre o padrastro había violado durante toda su niñez, a la que su marido molía a palos, a la que varios varones habían retenido atada para practicarle todo tipo de torturas durante días.

Quince días después, alrededor de tres millones de mujeres habían participado ya de una manera u otra en esa habitación del espanto.

¿De dónde salía tanto dolor? Y, sobre todo, ¿dónde había estado escondido? ¿Quién lo había escondido y por qué?

Los medios de comunicación se movilizaron de golpe y abrieron la boca como quien ve caer una súbita lluvia de huesos sobre un parque público. En otoño del año anterior había explotado en redes el #MeToo, en el que algunas estrellas de cine habían denunciado agresiones sexuales sufridas. Aquello, como se cansaron de repetir las crónicas en su momento, «golpeó a la industria del cine». El nombre y la relevancia de las primeras voces consiguió que el movimiento disparara las denuncias, sobre todo por parte de artistas norteamericanas. Pero #Cuéntalo no tenía nada de todo aquello. No había estrellas, no había nombres propios, no tenía protagonistas destacadas. Era una enorme avalancha compacta, como una lengua de barro que, llegada no se sabía de dónde, cubrió en pocos días a aquellos que hasta entonces negaron, no vieron, no oyeron, prohibieron. Porque lo primero que dejó claro #Cuéntalo es que esas mujeres no se habían callado por decisión propia. Un sola puerta-etiqueta, en una sola red social, había abierto en solo un par de días la entrada al inconmensurable dolor de cientos y cientos de miles de mujeres agredidas, torturadas, violadas, asesinadas. E inmediatamente lo habían contado. En público. Eso solo las que tenían acceso a internet, y, de ellas, las que tenían acceso a Twitter.

¿De verdad alguien se iba a atrever a partir de entonces a decir que esas historias eran falsas? ¿De verdad alguien podía pensar a partir de entonces que todas esas mujeres –hasta tres millones actuando a la vez en solo dos semanas– estaban calladas porque habían decidido no contarlo por iniciativa propia? No. Solo admitiendo la prohibición, explícita o implícita, es comprensible el desplome de la enorme lengua de barro sobre los medios de comunicación, sobre las instituciones públicas, sobre los partidos políticos, sobre los actores culturales y las entidades económicas, sobre una sociedad entera sorda y decidida a negarlo.

Porque negarlo es una decisión.

Se podrían extraer varias conclusiones elementales de lo que significó inmediatamente #Cuéntalo:

1. La falta de narraciones sobre la violencia machista ha significado que históricamente se considerara que las denuncias (abstractas) de los movimientos feministas eran exageradas, cuando no falsas. #Cuéntalo evidencia que dicha falta no se debía a una negativa por parte de las mujeres a narrarlo, y refuta las suspicacias sobre la veracidad de las denuncias.

2. El hecho de que tres millones de mujeres participen en el movimiento de una forma u otra con sus narraciones en los primeros quince días demuestra que la escasez de relatos no obedecía a una reticencia por parte de las agredidas, sino al hecho de que la sociedad y las instituciones públicas les habían negado un espacio donde hacerlo. El volumen y la inmediatez de la acción colectiva permite plantear-

nos que no se trata de una omisión, sino de una acción en contra.

3. Cabe preguntarse por qué tantísimas de los miles de mujeres que denuncian en el espacio público de las redes sociales no lo hacen en un juzgado o comisaría. O sea, eso debería llevarnos a cuestionar la nula confianza que a tantísimas de las mujeres agredidas les merecen las autoridades que deberían velar por su seguridad, igual que lo hacen en el resto de los asuntos relacionados con la convivencia.

4. De la misma forma, cabe preguntarse cuál es y ha sido la responsabilidad de los medios de comunicación de masas en el silencio que rodea y ha rodeado el relato de las mujeres sobre las agresiones machistas que han sufrido. Hasta qué punto ese silencio que ha hurtado una voz esencial –la más esencial, aquella en primera persona– sobre la violencia de género ha sido fruto de una dejación por asimilación de tendencias sociales o una acción voluntaria y decidida, y en tal caso a qué responde.

5. Así como han callado los medios de comunicación, lo han hecho los partidos políticos y las instituciones públicas. #Cuéntalo muestra cómo las administraciones públicas se han limitado (en el mejor de los casos) a elaborar y pu-

blicar datos. Cifras que se secan ante la simple consideración de un testimonio. Buena muestra de ello es el absoluto desconocimiento del que me atrevo a considerar el mayor y más extendido crimen de nuestra sociedad: la tortura habitual contra cientos de miles de personas. Más concretamente, mujeres. Habitual, ubicua y pese a ello sin relatar.

Tortura.

Sociedad de la tortura, y parece que nos acabamos de enterar.

Me permito un par de datos; datos fríos, claro, siempre lo son. Fríos y secos.

En 2011, la Delegación del Gobierno para la Violencia de Género y el Centro de Investigaciones Sociológicas (CIS) realizaron una macroencuesta al respecto. Concluía que 593.038 mujeres habían sufrido maltrato en España durante el año anterior. La cifra se ha ido repitiendo en cada uno de los siguientes grandes estudios oficiales[1] con algún incremento: se calcula ahora que más de 600.000 mujeres sufren cada año violencia machista en España. Siete de cada diez nunca lo han denunciado.

---

1. http://www.violenciagenero.igualdad.mpr.gob.es/violenciaEnCifras/estudios/colecciones/.

Vamos con las que sí lo han hecho:

En 2018 se interpusieron, según el Consejo General del Poder Judicial (CGPJ), 166.961 denuncias por violencia de género. O sea, más de 13.900 al mes; o sea, más de 3.200 cada semana; o sea que cada día los juzgados españoles recibieron una media de 457 denuncias por agresiones machistas. Si clavamos esas 166.961 denuncias como un ordenado ejército de alfileres sobre el calendario de 2018, cada hora de cada día de cada mes, cada una de las horas de cada día, 19 mujeres ponían en España una denuncia por violencia machista.

Ahora te paras y piensas que son solo el treinta por ciento de las torturadas.

Y ahora te vuelves a parar y comparas todos los datos que acabas de leer con aquel testimonio de la escritora Bel Olid: «Yo tenía seis años y él era el "tito Emilio" (Gutiérrez Sánchez, para más señas). Su madre observaba desde la cocina cómo me quitaba la ropa, cómo me violaba. Nadie hizo nada por evitarlo.»

De eso se trata. Datos y datos frente a la voz de una sola mujer.

Cuando el organismo del Gobierno destinado a estos asuntos publica que más de 600.000 mujeres sufren cada año violencia machista en

España, se refiere a las 600.000 que saben reconocer la violencia machista; y de ellas, a las que se lo han admitido a sí mismas; y de estas últimas, a las que son capaces de enunciarlo en voz alta, en voz alta a alguien desconocido que les lanza tan brutal pregunta igual que ha hecho y hará con otros miles de mujeres.

De eso se trata. Cuestionarios y cuestionarios ante un azar de síes y noes.

6. Si estos testimonios no habían surgido antes, cabe preguntarse también contra qué luchamos exactamente cuando hablamos de la «lucha contra la violencia de género». De igual forma, deberíamos plantearnos a partir de qué abstracción (y cuál es su origen) se redactan las normas para legislarla.

7. Cuando desde una sola cuenta personal en una sola red social se consiguen cientos de miles de testimonios y actuaciones sobre un tema tan brutal como la violencia narrada en primera persona, resulta innegable la magnitud del problema, así como el abrumador desentendimiento social, político, económico y cultural.

En resumen:

De repente, sin esperarlo, la sociedad recibe tal puñetazo de horror en las narices que apenas acierta a preguntarse, pasmada: «¿Cómo no nos habíamos enterado de tanta y tan atroz violencia?»

La respuesta evidente es: porque nadie te la había contado.

La acción de los cientos de miles de mujeres en #Cuéntalo deja claro que el problema no era de ellas. Que el silencio no era su opción. Que ese silencio, ese no contarlo, no puede proceder más que de una imposición. La imposición de quien, para poder negarlo, necesita que no se cuente. Es un ejercicio constante y brutal para impedir la comunicación. Ah, las instituciones; ah, los medios.

El relato común no existe sin comunicación. Y sin ambos no existen mecanismos de identificación. De eso se trata. No es lo mismo decir «Hola, me llamo Cristina Fallarás y estoy en contra de la violencia machista» que decir «Hola, me llamo Cristina Fallarás, soy periodista y un político me mandó la foto de su polla». Identificación, o sea testimonio, o sea relato conjunto, o sea memoria colectiva.

La primera vez que en España, ya entrado 2008, leí en la portada de un diario el término «prima de riesgo» entendí que acababan de hacer desaparecer a los pobres. La crisis iba destrozando familias, hogares, criaturas, hombres y mujeres, todos y cada uno con su historia a cuestas, con sus feroces lágrimas contra los cortes de luz y los desahucios, a la calle con tus hijos, al colegio sin libros. Sin embargo, a partir de aquel momento, muy al principio, los medios de comunicación decidieron abrir sus informativos con la noticia de si había subido o bajado algo llamado «prima de riesgo», término cuyo significado nadie nos explicó, y que aún dudo que alguien conociera. Pero la muy útil abstracción de la «prima de riesgo» borró las historias de hambre y frío y desamparo. Abstracción frente a testimonio. Con ello, eliminó la posibilidad de que quien estaba sufriendo el zarpazo se identificara con otros en su misma situación, y por lo tanto la posibilidad de que se unieran, y de que actuaran.

Con la llamada «violencia de género», que no es «de género» así en general, sino del género masculino contra el femenino, o sea machista, violencia MACHISTA, pasó lo mismo. Se utilizó esa abstracción y se impidió la circulación de los testimonios.

Aparecían, sí, los cómputos de asesinadas, las que entraban dentro de las «cifras oficiales», que solo contemplan asesinatos en los que media relación afectiva, y nunca en caso de asesinatos de menores. No cuentan en las «cifras oficiales» aquellas mujeres a las que asesinan por el simple hecho de ser mujeres si no hay *amor* o *desamor*. Ay.

La trampa de las «asesinadas por violencia machista» –ojo a la desaparición del sujeto de la acción, el hombre– no solo ha servido para tapar los cientos de miles de agresiones cotidianas y constantes, sino que procede de cifras suministradas por las fuerzas de seguridad del Estado y el CGPJ, dos organismos *tremendamente* feministas, como todo el mundo sabe. La trampa de las «asesinadas por violencia machista» forma parte de la abstracción y es su herramienta para hacer que los testimonios desaparezcan. Las muertas no narran. Y a las pocas que narraron no se las protegió.

Las historias estaban ahí, siempre han estado ahí. En cada edificio de todos y cada uno de nuestros pueblos y ciudades anidan el dolor, la humillación y la violencia. En todas nuestras calles, en todas nuestras noches palpita el miedo. Es tan cotidiano y tan omnipresente que resultaría más que ridículo negarlo. Pero no se ha contado en absoluto. Así de simple. No se había contado nunca. Así de terrible. Y por eso cientos de miles de mujeres corrieron a hacerlo en el mismo instante en el que se les dio la oportunidad.

¿Qué ha cambiado para que esto suceda? Probablemente muchas cosas, pero la más importante es, de nuevo, la comunicación. Para contar algo se necesitan los medios, los canales donde hacerlo. ¿Cuáles son los nuevos canales de comunicación de masas? Los que brinda internet en general y las redes sociales en particular. ¿Y cuál es la diferencia entre los medios de comunicación de masas tradicionales y estos nuevos canales? El dinero.

La diferencia es que para dar este paso y contarlo todas juntas y cada una por separado no ha hecho falta que invirtamos dinero, no nos ha hecho falta manejar capital, ni hemos tenido que pedir permiso a quienes lo manejan. De nuevo, así de simple. Aquellos que poseen el capital y por lo tanto poseen los medios de comunicación son quienes habían trazado la frontera entre lo que se podía y no se podía contar. El dolor de las mujeres, sus testimonios en primera persona, sencillamente no se podían contar. Se había impedido que se hiciera.

La comunicación de masas, hasta la aparición de las redes sociales, estaba en manos de los hombres, era vertical y jerarquizada, y dependía de la inversión de capital (siempre masculina). Como consecuencia, ha hurtado a las mujeres el relato de la violencia en primera persona. La aparición de las redes sociales –horizontales y sobre todo gratuitas– ha dotado a las mujeres de las herramientas de comunicación que les estaban vedadas. Desaparecida la necesaria inversión de capital, la comunicación se feminiza y se hace horizontal.

Se trata de priorizar la voz sobre la autoridad, el uso sobre la propiedad, la red horizontal frente a la vertical y jerarquizada. En definitiva, de basar la construcción del relato no en lo policial/judicial sino en lo testimonial. O sea, de romper la idea de que la validez la otorga el paso por la denuncia ante «la autoridad». De ahí surge el #YoSíTeCreo.

En el momento en que las mujeres nos hacemos con una herramienta de comunicación de masas que nos permite juntar testimonios y a partir de ahí crear una memoria colectiva, ya no necesitamos que el poder judicial o las fuerzas y cuerpos de seguridad del Estado sean quienes aprueben si algo es o no es violencia, si esta violencia se acepta y aquella no, si se le da solución o se la deja morir. Nosotras nunca hemos manejado el dolor, como han intentado imponer ellos en su relato, para sacar beneficios. Nosotras hemos manejado el dolor para sobrevivir. Y lo hemos hecho solas, aisladas y enmudecidas.

Mientras, en el exterior, las pocas que decidían alzar la voz eran castigadas y sometidas a una construcción brutal: «Mentís.» Sabemos quiénes somos y lo que vivimos, lo que gozamos y lo que sufrimos, no tienen que venir los medios de comunicación ni las instituciones a repartir carnés de sufrimiento. Nosotras no buscamos las ventajas de la violencia, sino su fin.

Ah, existe un problema en todo lo anterior, y no es pequeño.

Tras el impacto de los primeros días, #Cuéntalo empezó a convertirse en una inquietud. Una inquietud para mí, íntima. Sentía que de alguna manera era responsable de que todas aquellas mujeres hubieran vertido los horrores sufridos, su secreto más brutal, en público. Pero el medio que había utilizado era privado. Las plataformas de comunicación, las redes sociales en general y Twitter en particular son privadas: no fiables, no manejables, efímeras e inútiles en términos de recuperación documental. De repente sopesé la posibilidad de que los propietarios del invento borraran de un plumazo todo aquello y las noches se me hicieron peludas.

Afortunadamente no era yo la única que me había dado cuenta de ese terrible detalle. En algún lugar de Barcelona, dos archiveros documentalistas, dos hombres grandes, buenos y obstinados, habían pensado lo mismo.

5. Una memoria colectiva

Cuando vieron el *hashtag* #Cuéntalo, Vicenç Ruiz y Aniol Maria se pusieron inmediatamente en contacto: «¿Has visto eso?» Para dos maestros de la archivística y la gestión de documentos, esa etiqueta podía ser por fin lo que estaban buscando. Lo habían intentado con #NoTincPor (#NoTengoMiedo), a raíz del atentado de las Ramblas de Barcelona, en agosto de 2017; y después, con las etiquetas diversas ligadas al referéndum del 1 de octubre del mismo año en Cataluña y a las cargas policiales subsiguientes.

Se trataba de localizar un *hashtag* potencialmente relevante como compilador de testimonios sobre un tema determinado y preservar estos como documento histórico. Una vez acordado el valor social de un *hashtag,* deben conservarse los documentos/testimonios/participaciones «en tiempo real» para garantizar que sean accesibles a largo plazo. O sea, que si tú creas un *hashtag* y millones de personas actúan en él y cuelgan ahí sus tuits, hay que rescatarlos inmediatamente, porque si pasan unos días, además de la incertidumbre sobre si habrán sido borrados, el precio que cobra Twitter por recuperarlos es altísimo. Desde luego, inalcanzable para un par de archiveros conscientes de que la realidad genera ahora una documentación que debe extraerse y preservarse para que luego pueda ser usada por la sociedad. O sea, información y democracia en la era de las redes sociales.

La información que acumulaba #Cuéntalo no estaba formada por documentos en papel, no eran imágenes o audios, no procedía de una persona o entidad. Eran cientos de miles de archivos creados por millones de personas, que funcionaban por acumulación.

Ellos lo explican con más detalle:

> Queremos diseñar un modelo de tratamiento archivístico integral para los fondos documentales sociales, entendidos como *el*

conjunto de documentos generados por un grupo de usuarios a través de una dinámica participativa en el marco de plataformas sociales y alrededor de un acontecimiento determinado. Este nuevo tipo de fondo documental se caracteriza por contar con un productor colectivo (en los fondos de tipo tradicional –personales, familiares, comerciales, etcétera– el productor es una persona física o jurídica), por generarse en un entorno privativo cuya propiedad no pertenece a los productores del fondo y por hacerlo mediante un proceso de formación corto en el tiempo y, por contra, de gran producción de documentos.

O sea, que hay que actuar deprisa. Al ser Twitter un «entorno tecnológico» privado, si no se actúa con rapidez no se podría garantizar un acceso gratuito y universal a #Cuéntalo en el futuro. Como se trata de un documento de creación «colaborativa», el modelo de archivo que se crea debe ser participativo. Y, por su carácter masivo, hay que dotarse de instrumentos que permitan automatizar el tratamiento (clasificación, descripción, valoración) y la explotación de la información.

Cuando conocí a Vicenç y a Aniol y me explicaron lo anterior, me di cuenta de que desde hacía tiempo libraba una batalla con varios frentes. Cuatro años antes había aparecido mi libro *A la puta calle,* donde narraba mi proceso de empobrecimiento desde la subdirección de un diario hasta quedarme en la calle con dos hijos. Acababa de publicar mi novela *Honrarás a tu padre y a tu madre,* donde me había empeñado en romper el silencio familiar y relatar lo que supone el asesinato nunca narrado de un abuelo, y la brutal anomalía de la memoria histórica en España. Y daba vueltas al silencio de las mujeres sobre los maltratos y agresiones de los que son víctimas, sobre la evidencia de que la mitad de la población vive con miedo, de que millones de mujeres son torturadas física o psicológicamente y parece que tal cosa no suceda. Pero no era solo eso, pese a que mi lucha enconada, íntima y pública, contra el silencio ha marcado al menos los últimos diez años de mi vida. Se trataba de la importancia del testimonio. De cómo el testimonio, la primera persona, es el único camino para combatir el silencio. Es decir, cuando se impone el silencio se hurta la memoria colectiva, sea del asesinato, de la violencia, de la represión o de cualquier otro dolor. Se sustituye la memoria colectiva con una abstracción o una teoría que en el fondo enuncia algo sin contenido real. La «violencia de género» frente a «a mí me violaron»; la «memoria histórica» frente a «fusilaron a mi abuelo contra la tapia del cementerio y nadie volvió a hablar de aquello en la familia»; la «prima de riesgo» frente a «me encuentro en la puta calle».

Todo empezó a tomar forma cuando me pregunté por qué la sociedad española es incapaz de resolver la dictadura, por qué cuarenta años después más de 110.000 desaparecidos siguen en fosas comunes y cunetas, por qué los criminales siguen ocupando altos puestos en las instituciones. Caí entonces en la cuenta de que se trataba de lo mismo que la «prima de riesgo». O sea, que llamaron «Transición» a la nada y con eso hicieron desaparecer a las víctimas y también encubrieron a los criminales. Prima de Riesgo, Transición, Memoria Histórica, Violencia de Género. Todos ellos son conceptos institucionales que no solo no dan nombre a un conjunto de vivencias o relatos existentes, sino que los suplantan. Están vacíos, cáscaras huecas, y sirven para tapar aquello que no se permite narrar.

Entonces, me dije, solo queda un camino:

contarlo, contarlo íntimamente, en casa y a una misma, enunciarlo.

Y que cunda.

Cae por su propio peso. La única forma de luchar contra el silencio, o, lo que es lo mismo, la exigencia de una abstracción institucionalmente impuesta, consiste en construir una memoria colectiva. Esto es, acumular uno tras otro tras otro tras otro los testimonios de aquellas personas que narran en primera persona. Y eso ya es indestructible. Por eso decidí narrar mi propia experiencia como nieta de una dictadura criminal. No para ofrecer un modelo ni una narración histórica sino para sumar mi primera persona, mi testimonio, a los que pudiera haber. Por eso mismo salió #Cuéntalo. Porque cuando cientos de miles de mujeres construyen en unos pocos días una memoria colectiva de la violencia machista a fuerza de sumar sus testimonios en primera persona, eso es ya irrebatible e indestructible.

O no.

Porque, si no se preserva, puede ser destruido. De nada sirven miles o millones de testimonios si después no se conservan, se archivan. La trampa de las redes sociales es que todo lo que ocurre allí desaparece. O lo que es peor, pasa a ser propiedad de dichas redes sociales, de sus propietarios.

Las noches empezaron a ponerse peludas cuando caí en la cuenta de que los testimonios de miles y miles y miles de mujeres que por fin habían contado las violencias sufridas se podían ir por el desagüe y quedarse en nada, en un acto de irresponsabilidad. Tal era mi congoja que en cuanto vi la ocasión me agarré al cable.

La alcaldesa de Barcelona, Ada Colau, había convocado a algunas periodistas a comer en Madrid. «Alcaldesa», le dije, «tenemos un problema con #Cuéntalo.» Era el día 9 de mayo de 2018 y aún no llevaba el *hashtag* dos semanas en funcionamiento, pero ya había aparecido en todos los medios de comunicación españoles y extranjeros, desde las emisoras locales hasta el *New York Times*. Además, el 21 de junio de 2016 Colau y yo habíamos coincidido sobre el escenario en un acto organizado con el título de #MujeresCambiandoPaís. Hablábamos sobre la necesidad de narrar las agresiones machistas, de darles visibilidad. Cuando le tocó intervenir a ella, para sorpresa de las presentes relató cómo en un acto institucional de carácter judicial algunos hombres la habían abordado: «Con el alcohol, y haciéndose los simpáticos, me dijeron que estaba muy buena y que podíamos hacer cosas...» Así que yo estaba segura de que me iba a escuchar. Nos citamos en Barcelona una semana después. Allí le dije que las mujeres ya habían cumplido con su parte, que la narración individual y común estaba hecha, y que eran muchas. Le dije algo así como: «Creo que ahora le toca tomar el relevo a la Administración, porque las mujeres hemos hecho solas lo que quizás tenían que haber hecho ustedes.» Quería que me dijera a quién podía dirigirme para crear una herramienta con la que extraer los datos y que pudieran seguir sumándose testimonios sin tener que hacerlo en una red privada. O sea, quién me podía pagar eso. Y no, no tenía ni idea de cómo podía hacerse ni de quién lo podía hacer ni de cuánto podía llegar a costar.

Salí del Ayuntamiento de Barcelona con el compromiso de la alcaldesa de que se interesaría por aquello que le propusiera cuando le propusiera algo concreto pero sin nada concreto en la cabeza. Y en esas estaba cuando una mujer llamada Karma Peiró, periodista experta en tecnologías de la información y gestión de datos, me llamó por teléfono.

Quería hacerme unas preguntas sobre el movimiento desencadenado, pero yo solo tenía cabeza para una cosa, preservar los testimonios. No le estaba prestando demasiada atención cuando empezó a decir que dos archiveros, en Barcelona, habían estado trabajando sobre #Cuéntalo, más exactamente sobre los primeros quince días, que concentraban el grueso de las respuestas, que habían extraído de Twitter los testimonios... «¡Párate aquí!», exclamé con más trastorno que educación. «¿Me estás diciendo que hay dos archiveros que han recopilado los testimonios de las mujeres y los tienen guardados?» Sí, me estaba diciendo exactamente eso. «¿Y cómo lo han hecho?» Robándole las horas a su tiempo libre.

Habría llorado. Dos hombres jóvenes, archiveros, en sus horas libres habían emprendido la amorosa tarea de rescatar el horror para que la narración permaneciera y pudiera ser consultada en el futuro y estudiada, y para que nadie pudiera borrar el dolor de las mujeres ni negarlo.

«Yo hice la primera captura de #Cuéntalo del lunes 30 de abril al martes 1 de mayo», explica Aniol Maria. «Y Vicenç me planteó que me animara a seguir con la captura el 2 de mayo cuando vio que personajes públicos como Bel Olid se estaban destacando en el *hashtag*, y acordamos que seguiría con mi captura todo lo que fuera posible hasta que la actividad disminuyera del todo.»

«En la primera captura de #Cuéntalo, que había finalizado el 1 de mayo, llegamos a unos 371.922 tuits capturados. Pero entonces llegó la segunda captura, que finalizó el 6 de mayo, y nos dejó sorprendidos, porque ya llegaba a 1.681.328 tuits. El *hashtag* ya se había extendido a América, y fue tal vez la captura que más sufrí, porque el periodo de apertura que permitía Twitter en esa semana se terminaba aquella misma noche del domingo 6 de mayo, y estuve muchas horas delante del ordenador pendiente y con la ansiedad de que no hubiera ningún sobresalto que diera al traste con la captura de todo el contenido generado a lo largo de toda la semana.»

De repente, aquel goteo pavoroso que luego fue ola y al final un tsunami que barrió con todo estaba guardado. Gracias a la voluntad enconada de dos archiveros. El arrojo de narrar el horror, el brutal, salvaje gesto de arrancárselo de las entrañas y de la memoria más negra, los arrestos de enunciarlo para sí mismas y después contarlo públicamente no había sido en vano. Ahí estaba. Se había conseguido. Ya era memoria de todas. Era indestructible. Y eran alrededor de tres millones. ¡Tres millones!

Que vengan ahora y digan que es mentira, recuerdo que pensé, que se nieguen a verlo.

6. Silencio de hombre

El adolescente me mira sopesando si soltar la pregunta. Hablando con él se hace evidente que ha recibido una educación feminista, que pertenece a ese amplio grupo de su generación que ha asumido la lucha por los derechos de las mujeres, contra la violencia, que la conoce, que maneja argumentos. Es 7 de marzo de 2018 y en el ambiente huele a triunfo feminista, es más, un día antes de que se produzca la movilización internacional de las mujeres ya es una victoria. Finalmente me pregunta: «Y yo, que soy un hombre, ¿debería o no debería unirme a la manifestación del 8 de marzo?» La pregunta es sincera.

Desde que empezaron a cundir los movimientos de denuncia en las redes, algunos hombres se han ido sumando. Lamento decir que pocos, y con la torpeza del adolescente que duda de si está haciéndolo bien. Y lo lamento porque no quiero que lo que digo parezca responder a una supuesta «aversión al macho», que desde luego yo no tengo –ni el movimiento feminista–, pero de la que se me acusa habitualmente, se nos acusa habitualmente. Tan habitualmente como a diario.

Se trata solo de una descripción: pocos y torpemente.

Entre los tuiteros cuya acción resulta interesante se encuentra un hombre, Stéphane M. Grueso, @fanetin. En alguna ocasión logra conmoverme, lo que resulta sorprendente teniendo en cuenta que, en lo referente a violencia machista, repite siempre el mismo enunciado: «Todos los días. En todos lados.» Bajo ese mensaje, adjunta la noticia del día referente a asesinato, violación, agresión, sentencia judicial, etcétera. Y sí, es todos los días y sucede en todas partes. Sin embargo, la mayoría de los hombres que se manifiestan habitualmente pertenecen a una de estas dos corrientes: la de ataque contra las «feminazis» o la de autodefensa y justificación, #NotAllMen.

La primera, la de quienes eructan su «feminazi» como una bofetada en cuanto abres la boca para denunciar lo evidente, engloba a las hordas de misóginos declarados que se han soltado la melena en público los últimos años. Así es, los mecanismos de identificación que facilitan las redes permiten a las mujeres crear algo así como una memoria colectiva, un reconocimiento común, pero también están sirviendo para que el machismo y la misoginia se desinhiban y, ante la evidencia de que se puede insultar a las feministas sin que arda Troya, se unan a la causa. Cada vez son más, y cada vez más violentos.

En cuanto al #NotAllMen, se trata de un movimiento que aparece en respuesta a las denuncias del #MeToo, el #Cuéntalo o el francés #BalanceTonPorc. Son aquellos hombres que, ante la avalancha de acusaciones, relatos de violencia y testimonios de mujeres, responden con un «no todos somos iguales».

Y, lamentándolo de nuevo: *yes, all men*.

Pasado el pasmo que en los primeros momentos me supuso la respuesta de cientos de miles de mujeres a la llamada de #Cuéntalo, a medida que pasaban los días algo llamaba más y más mi atención: no había hombres, los hombres no participaban. No es que esperara confesiones, admisión de culpas y así, sino más bien alguna narración de agresiones a mujeres de las que tuvieran noticia o en las que hubieran estado presentes. Parece absolutamente imposible que tres millones de mujeres participen en la narración de violencias sexuales y los hombres no hayan visto ninguna ni se hayan enterado. Por ejemplo, resulta cuando menos muy extraño que ninguno de sus compañeros participaran por acción u omisión en las agresiones machistas narradas por las mujeres del cine, del arte, del teatro, del periodismo, de la moda. De la misma forma, los miles de muchachas agredidas en fiestas, discotecas, bares o celebraciones populares, ¿no tuvieron cerca a ningún hombre que lo viera o se enterara, ningún testigo? En las redacciones, en las grandes y pequeñas empresas, en tiendas y grandes almacenes, en editoriales, en oficinas de la Administración, en partidos políticos, en las familias, ¿de verdad ninguno de sus compañeros supo de las agresiones que cientos de miles de mujeres narran con todo tipo de detalles?

¿Dónde están los hombres del #Cuéntalo, los creadores, los periodistas, los políticos, los obreros, los miembros de colectivos que luchan por los derechos humanos, quienes acuden a zonas en conflicto donde las víctimas denuncian haber sido violadas? ¿Dónde están sus voces?

A los pocos días de lanzar el *hashtag,* un tipo joven, miembro de un colectivo cultural, se sumó con un tuit donde expresaba su solidaridad con las agredidas y declaraba su repugnancia ante la situación. No había pasado un día cuando una compañera de trabajo le recordó que él la había acosado. Poco después, otra y otra más volvieron a ponerle en evidencia afeándole su participación y su silencio en sendas agresiones. Y ahí nace la pregunta que está en el hueso de este fruto podrido: ¿qué hombre puede afirmar con rotundidad y sin falsedades que jamás de los jamases ha presenciado, ha conocido o ha participado por acción u omisión en una agresión machista? ¿Cuál de ellos puede afirmar que jamás ha presenciado el hostigamiento a una mujer, cuál que jamás ha seguido su camino sin afearle el gesto a ese amigo «patoso» que agarra los pechos de una joven en una sala de noche, le pone la mano en el culo o en el coño, insiste hasta violentarla para que atienda sus requerimientos, quizás borracho, quizás vengándose de algo, quizás sencillamente porque cree que puede hacerlo sin que ninguno de sus compañeros le llame la atención?

¿Qué hombre está seguro de que, al denunciar públicamente la situación, no va a salir una mujer que le recuerde su inacción su silencio o su acoso en el pasado?

Parece que ninguno. Puede ser, no sé, quizás ahí se mece una de las respuestas. Me pregunto si la única.

Durante los últimos años, en numerosas ocasiones, a todo hombre que me tacha de exagerada cuando le explico que todos los hombres conocen alguna agresión machista le he hecho las siguientes preguntas:

¿Nunca has visto a un amigo o conocido avasallar a una mujer que le rechaza?

¿Nunca has visto a un amigo o conocido humillar o ridiculizar a su compañera, esposa, novia en público?

¿Nunca has sabido de abusos o agresiones físicas, verbales o psicológicas de un amigo o conocido contra su compañera, esposa, novia?

¿Nunca has visto a un jefe o compañero faltarle al respeto o acosar o agredir a otra compañera o empleada, incluso vengarse si ella se queja o rechaza sus requerimientos?

¿De verdad no conoces ni un solo caso? La respuesta es siempre, invariablemente, el silencio o admitir que sí, que los conocen o los han conocido. ¿Y qué has hecho tú al saberlo?

Bien, todos esos hombres que sí lo hacen, que acosan, agreden, insultan, vejan, humillan, se vengan de ellas, todos ellos se sienten en su derecho a hacerlo precisamente gracias a ese silencio. Y ese mismo silencio es el que les permite llegar a más. Se llama consentimiento social.

Hasta aquí el asunto del #NotAllMen. Sobre ese *hashtag,* sobre esa idea, cabalga mi desaliento como montado en una bestia para cuya especie no se conoce doma. Temo que cualquiera de ellos, llegado el momento de verse acorralado por las evidencias, se revuelva y se le escape un zarpazo. Es difícil prever la reacción de aquel que niega la realidad. Pero por encima del temor a su respuesta, admito mi consternación ante la certeza de que, si eso no cambia, nada cambia.

Y luego están los bienintencionados y los solidarios. Ahí, el adolescente que pregunta si debe participar en la manifestación de mujeres.

Cuando se planteó la huelga feminista del 8 de marzo de 2018, se añadió al paro, además de las trabajadoras, el colectivo de las mujeres encargadas de los cuidados. Ah, el espinoso tema de los cuidados venía a evidenciar lo siguiente: aquello de «si paramos nosotras, se para el mundo» no solo vale en lo laboral, sino también, y se podría decir que sobre todo, en la familia, la atención a los niños, los alimentos y el cuidado de la casa, la atención a los ancianos y ancianas, a las personas enfermas o con algún tipo de impedimento físico o mental, etcétera. Ligado a esta idea, se planteó si los hombres debían o no unirse a la huelga, dado que deberían sustituir a las mujeres en las labores anteriormente citadas. El debate sobre si debían participar o no o si el espacio de participación debía ser mixto o no mixto no me resultó tan interesante como la sorprendente reacción de una parte de los hombres, aquellos que se declaraban más «solidarios» con la desigualdad y la violencia de toda índole contra las mujeres: se mostraban horrorizados por no haberse dado cuenta antes de lo que sucedía y manifestaban su solidaridad con las mujeres que les habían quitado la venda de los ojos.

La confesión de su responsabilidad, siempre por omisión o ignorancia, no era otra cosa que, como toda admisión de culpa, autocomplacencia. El gesto de admitir una especie de culpa así, en abstracto, tiene la ventaja de ofrecer un bonito retrato a la colectividad y apagarse como un fósforo.

En cuanto a declarar su «solidaridad» con las mujeres, el gesto tuvo su momento de gloria entre la zozobra de los días inmediatamente anteriores al 8 de marzo. Los hombres digamos que sensibles a la violencia se debatían entre si debían o no acudir a la gran manifestación feminista. No me extenderé en consideraciones sobre esa duda que se retrata a sí misma, pero sí en las declaraciones que la acompañaron y le pusieron el sombrero cónico del payaso listo. Los hombres «sensibles» a la violencia contra las mujeres, los que dudaban de si estaban actuando correctamente al unirse o no unirse a la manifestación, no titubearon en ningún momento al declarar y repetir su solidaridad con la lucha feminista contra la violencia.

La solidaridad es basura.

«Solidaridad» es una de las palabras más venenosas, una de las que crean descomposiciones violentas y aceleradas. La solidaridad suele retratar el reverso de la acción política, o sea, de la elaboración de exigencia política y el consecuente combate. Ahí reside la trampa de los hombres «solidarios»: ¿por qué no hacen nada ellos? ¿Por qué toda su acción/iniciativa consiste en sumarse a la acción/iniciativa de otras? ¿Por qué esos que muestran tanta solidaridad, los que confiesan su responsabilidad por omisión, oh, o los que lloran en público su dolor por la «monstruosidad» recién descubierta, por qué no convocan ellos una manifestación? ¿Por qué evitan cualquier iniciativa? ¿Por qué no crean su propio discurso, su propio movimiento, su propia acción política?

Porque en el fondo –y en la superficie– consideran que la violencia machista es algo que les ocurre a las mujeres y que solo a ellas atañe. Uno se solidariza con lo que les sucede a otros, uno nunca se solidariza consigo mismo. O sea, que el problema es nuestro, «de ellas». De tal forma que los «solidarios» y los avergonzados no elaboran discurso, no tienen iniciativas, no toman medidas, no construyen relato, no deciden lucha política. Y lo que es más importante, no hacen públicos testimonios, o sea, rechazan elaborar una memoria colectiva, la suya, de la violencia contra las mujeres.

Cualquier violencia existe en la sociedad porque hay una mayoría que la tolera. Una mayoría. Para tolerar algo hay que justificarlo. Una mayoría. Sucede con la tortura en comisarías y cárceles, sucede con la represión policial, sucede con los castigos físicos, sucede con las fronteras erizadas de cuchillas, sucede con las muertes a las puertas de dichas fronteras. Una mayoría. Y sucede, por supuesto y a lo bestia, con la violencia machista.

La violencia machista sucede porque una mayoría de la población la tolera. Una mayoría. Los mismos que se parapetan tras el cómodo escudo de las abstracciones. En los medios de comunicación se da noticia del hombre que asesina a la madre y a sus dos hijas de tres y cinco años. Un espanto recorre la sociedad, y su enunciado es: «Es un monstruo, cómo pudo matar a sus hijos.» También mató a la madre.

Un detalle que parece de Perogrullo y no lo es: las mujeres somos la mitad de la población y TODAS sufrimos violencia SIEMPRE. Si alguna, y son muchas, lo niega, que se atreva a asegurar que jamás siente miedo al volver sola a casa, al recorrer un callejón oscuro, que jamás siente un temor hondo cuando su hija adolescente decide trasnochar o cuando un hombre camina detrás de ella pongamos que al anochecer, pongamos que en un camino rural o en un aparcamiento subterráneo. Y no, su miedo no es el mismo, ni parecido, al que sentiría un hombre en el caso de que eso, ese miedo, le sucediera.

O sea, los hombres, al solidarizarse con la lucha contra la violencia machista, evidencian que se trata de un problema de otras, no de un problema propio, que lo es, y mucho. Es más, ese «solidarizarse» les parece suficiente, incluso algo a celebrar, por lo que rechazan elaborar ellos una acción política propia, y llevarla a cabo, así como hacer públicos sus testimonios en primera persona y por lo tanto crear su propia memoria colectiva de la violencia. La consecuencia se llama tolerancia social hacia la violencia machista. Y la perpetúa y la convierte en algo que sucede «todo el rato. En todas partes».

Final

Somos cuerpo. Y esa es nuestra única diferencia. Nuestro cuerpo es susceptible de ser golpeado, roto, abierto en canal por la sencilla razón de *ser*.

Tan simple y tan brutal.

El hombre que se masturba en el tren frente a mí, el político que decide mandarme la foto de su pene, el tío que se permite violar a su sobrina, la mujer que contempla esa violación, la madre asesinada en cuyo nombre escribe su hija, todas nosotras susceptibles de ser brutalmente violentadas por una única razón: nuestro cuerpo –no nuestras capacidades, no nuestra forma de vida– es distinto al suyo.

Pero golpeadas, rotas, recompuestas, humilladas, violadas, rajadas, mordidas, arañadas, con la boca cosida y los ojos cosidos, atadas, encerradas, coronadas de burla, acosadas, privadas de alimento, perseguidas, desangradas, obligadas a tragar y a mirar y a callar, con las uñas quemadas, sin pezones, sin piernas, bañadas en sangre y semen y heces, apedreadas, defenestradas, arrancados los dientes uno a uno, sometidas, reducidas a carne tumefacta, reventadas a golpes, mutiladas, con el vientre preñado molido a patadas, apartadas, con la vulva cosida, perseguidas, aterradas, con el ano desgarrado, insomnes, esclavizadas, objetos, penetradas con palos, machetes y trozos de botella, viendo cómo torturan a nuestras criaturas, descuartizadas.

Al fin,
nuestra arma es la palabra
y con la palabra contamos,
vencemos.

Coda

Una vez extraídos todos los datos que generó #Cuéntalo en Twitter por parte del archivero Aniol Maria, resultaba imprescindible analizarlos. ¿Qué había ahí?

El 8 de enero de 2019, la agencia de noticias Europa Press describía así el perfil del violador en España: «Hombre joven, de entre 18 y 35 años, y con nacionalidad española. Estas son las características principales de los agresores sexuales cuya relación con la víctima es ninguna o desconocida, según un informe publicado por el Ministerio del Interior.»

«Cuya relación con la víctima es ninguna o desconocida.»

Insisto: «Cuya relación con la víctima es ninguna o desconocida.»

Sería necesario un análisis pormenorizado, pero me permito un apunte tras leer varios miles de testimonios en #Cuéntalo. Las mujeres que narran violaciones en su mayoría se refieren a personas de su entorno, y por supuesto conocidas (lo contrario a «ninguna o desconocida»). De hecho, se refieren a miembros de su familia: padres, abuelos, tíos, hermanos, maridos, novios; o a individuos con quienes mantienen una relación de inferioridad: jefes, amigos del padre o de la madre, vecinos mayores, profesores, sacerdotes, amigos del marido o novio...

Cabe la remota posibilidad de que #Cuéntalo solo aglutine a una parte de las agredidas. O cabe la evidencia de que los datos que maneja la Administración, y por tanto los medios de comunicación, y por tanto la sociedad, los datos acerca de la violencia machista no solo son parciales e inexactos. Son basurilla.

Vuelvo al ejemplo de la violación, muy ilustrativo: si te viola tu padre, no denuncias; si te viola tu abuelo, no denuncias; si te viola tu hermano, no denuncias; si te viola tu marido, no denuncias. Y así en general. ¿Qué significa eso?

Que cuando el Poder Judicial y el Ministerio del Interior analizan el perfil de la violación en España, lo hacen basándose solo en las mujeres que denuncian dicha violación. O sea, que son capaces de afirmar que la relación del violador con la víctima «es ninguna o desconocida» en la inmensa mayoría de los casos.

El problema resulta fatal cuando sobre esos datos parciales –cualquier dato basado en la denuncia lo es– se elabora y aprueba una ley contra la violencia de género y se desarrollan «programas de prevención» al respecto. Sin una memoria colectiva, sin la acumulación de miles de testimonios, quedan solo los informes oficiales (de organismos taaan feministas como el Poder Judicial o la Policía) y la abstracción, esa cáscara vacía que permite el primer relleno que llegue.

Por eso no podíamos quedarnos solo en la extracción de los datos generados por #Cuéntalo. Ese archivo recuperado, ese alarido a la vez íntimo y coral, no estaba ahí como una seta. No era «natural». Ahí, en nuestras manos, se revolvían el testimonio de una mujer, y de otra, y de otra, y de otra, y así hasta quién sabe a estas alturas cuántos cientos de miles. Teníamos nada menos que una memoria colectiva.

Todas ellas habían construido un contenido para la cáscara del enunciado «Violencia de género». O sea que se podía construir sobre eso. Y sobre todo se podía refutar y rectificar. La narración de cientos de miles de primeras personas en dos semanas puede barrer cualquier abstracción. Cuánto más cualquier acumulación de cifras parciales e institucionalmente aprobadas.

De nuevo: una vez extraídos todos los datos que generó #Cuéntalo en Twitter por parte del archivero Aniol Maria, resultaba imprescindible analizarlos. ¿Qué había ahí?

La intervención de la periodista Karma Peiró supuso, otra vez, un paso más. Reunió al fortuito equipo formado por ella, los archiveros Aniol Maria y Vicenç Ruiz y yo misma, y una vez reunidos nos sentó frente a Fernando Cucchietti.

La ficha de Cucchietti en el Centro Nacional de Supercomputación es la siguiente:

Cargo: DATA PRE AND POST PROCESSING GROUP MANAGER
Principales líneas de investigación:
Scientific Visualization and Storytelling

Human Computer Interaction
Big data analytics and visualization

O sea, que se unía a nuestro grupo casual el jefe de un equipo del Supercomputacional especializado en análisis de narraciones y *big data*.

Sin él y su equipo no existirían los datos que cierran todo esto, o sea, las narraciones valientes, temblorosas, lacerantes, compartidas que constituyen esta nueva memoria colectiva:

#CUÉNTALO EN CIFRAS:

2,75 millones de intervenciones (en los diez primeros días)

790.000 usuarias únicas

160.000 tuits originales

40.000 en primera persona

11.000 «lo cuento yo porque»...

50.000 apoyos

4.000 #anti-cuéntalo

21.000 inclasificados

CIFRAS QUE CORRESPONDEN A:

Asesinato: 1 de cada 10

Violación: 1 de cada 7

Agresiones sexuales: 3 de cada 10

Maltrato: 1 de cada 6
Acoso: 1 de cada 3
Miedo: 1 de cada 3

Vayan todos estos datos dedicados a quienes organizan y ofrecen las cifras, a quienes las difunden y a quienes, sobre ellas, legislan aquello que rige nuestra existencia.

Índice

0. Un pene 9
1. La foto 15
2. Mecanismos de identificación 23
3. Deciden negarlo 29
4. Tres millones de mujeres 43
5. Una memoria colectiva 61
6. Silencio de hombre 73
Final 85
Coda 87

Títulos de la colección

1. **Claudio Magris,** El secreto y no
2. **Rafael Chirbes,** El año que nevó en Valencia
3. **Emmanuel Carrère,** Calais
4. **Marina Garcés,** Nueva ilustración radical
5. **Marina Garcés,** Nova il·lustració radical
6. **Jordi Amat,** La conjura de los irresponsables
7. **Jordi Amat,** La confabulació dels irresponsables
8. **Michel Houellebecq,** En presencia de Schopenhauer
9. **David Trueba,** La tiranía sin tiranos
10. **Jordi Gracia,** Contra la izquierda. Para seguir siendo de izquierdas en el siglo XXI
11. **Slavoj Žižek,** La vigencia de *El manifiesto comunista*
12. **Marta Sanz,** Monstruas y centauras. Nuevos lenguajes del feminismo
13. **Santiago Gerchunoff,** Ironía On. Una defensa de la conversación pública de masas
14. **Sara Mesa,** Silencio administrativo. La pobreza en el laberinto burocrático

15. **Albert Lladó,** La mirada lúcida. El periodismo más allá de la opinión y la información
16. **Albert Lladó,** La mirada lúcida. El periodisme més enllà de l'opinió i la informació
17. **Manuel Arias Maldonado,** (Fe)Male Gaze. El contrato sexual en el siglo XXI
18. **Vicente Molina Foix,** Kubrick en casa
19. **Sandro Veronesi,** Salvar vidas en el Mediterráneo. Un panfleto íntimo contra el racismo
20. **Lucía Lijtmaer,** Ofendiditos. Sobre la criminalización de la protesta
21. **Cristina Fallarás,** Ahora contamos nosotras. #Cuéntalo: una memoria colectiva de la violencia
22. **Martín Caparrós,** Ahorita. Apuntes sobre el fin de la Era del Fuego